Animales de la granja

Vacas en la granja

por Bizzy Harris

Bullfrog en español

Ideas para padres y maestros

Bullfrog Books permite a los niños practicar la lectura de textos informativos desde el nivel principiante. Las repeticiones, palabras conocidas y descripciones en las imágenes ayudan a los lectores principiantes.

Antes de leer

- Hablen acerca de las fotografías. ¿Qué representan para ellos?
- Consulten juntos el glosario de las fotografías. Lean las palabras y hablen de ellas.

Durante la lectura

- Hojeen el libro y observen las fotografías. Deje que el niño haga preguntas. Muestre las descripciones en las imágenes.
- Léale el libro al niño o deje que él o ella lo lea independientemente.

Después de leer

- Anime al niño para que piense más. Pregúntele: ¿Qué sabías sobre las vacas antes de leer este libro? ¿Qué más te gustaría aprender sobre ellas?

Bullfrog Books are published by Jump!
5357 Penn Avenue South
Minneapolis, MN 55419
www.jumplibrary.com

Library of Congress Cataloging-in-Publication Data

Names: Harris, Bizzy, author.
Title: Vacas en la granja / por Bizzy Harris.
Other titles: Cows on the farm. Spanish
Description: Minneapolis: Jump!, Inc., 2021.
Series: Animales de la granja | Includes index.
Audience: Ages 5–8 | Audience: Grades K–1
Identifiers: LCCN 2020041872 (print)
LCCN 2020041873 (ebook)
ISBN 9781645278900 (hardcover)
ISBN 9781645278917 (ebook)
Subjects: LCSH: Cows—Juvenile literature.
Livestock—Juvenile literature.
Classification: LCC SF197.5 .H3718 2021 (print)
LCC SF197.5 (ebook) | DDC 636.2—dc23

Editor: Eliza Leahy
Designer: Molly Ballanger
Translator: Annette Granat

Photo Credits: TODD17/Shutterstock, cover (left); Shutterstock, cover (right); Tim Gainey/Alamy, 1; Eric Isselee/Shutterstock, 3, 14, 22; Supawinee Prachum/Dreamstime, 4; Photoagriculture/Shutterstock, 5, 18, 23tl; WitthayaP/Shutterstock, 6–7, 23bl, 23br; JackF/iStock, 8–9; VanderWolf Images/Shutterstock, 10–11, 23bm; Clara Bastian/Shutterstock, 12–13, 16–17; Dajra/Shutterstock, 13, 23tm; Ben Schonewille/Shutterstock, 15; Nancy Gill/Shutterstock, 19, 23tr; James Stevenson/Dreamstime, 20–21; New Africa/Shutterstock, 24.

Printed in the United States of America at Corporate Graphics in North Mankato, Minnesota.

Tabla de contenido

Las vacas hacen mu

¡Mu!

Las vacas están despiertas.

¡Es hora de ordeñar las vacas!

El granjero las arrea.

Ellas van a la sala de ordeño.

Unas máquinas las ordeñan.

máquina de ordeño

heno

El granjero trae heno.

La vaca come.

¡Mmm!

Las vacas también comen hierba.

¿Dónde?

¡En el pastizal!

pastizal

Las vacas tragan comida.

Esta regresa como bolo alimenticio.

Ellas mastican el bolo alimenticio.

Los terneros son los bebés de las vacas.

Ellos se quedan con sus mamás.

cola

El toro es el macho.
Su cola se balancea.
Espanta a las moscas.

Las vacas son arreadas.

¿Hacia dónde?

¡Al establo!

Ellas entran a sus compartimentos.

Fue un largo día.
Las vacas duermen.
¡Buenas noches!

Las partes de una vaca

¡Échales un vistazo a las partes de una vaca!

Glosario de fotografías

arrea
Mueve animales juntos en un grupo.

bolo alimenticio
La comida que la vaca regresa de su estómago a su boca para masticar nuevamente.

compartimentos
Espacios cerrados para animales en un establo.

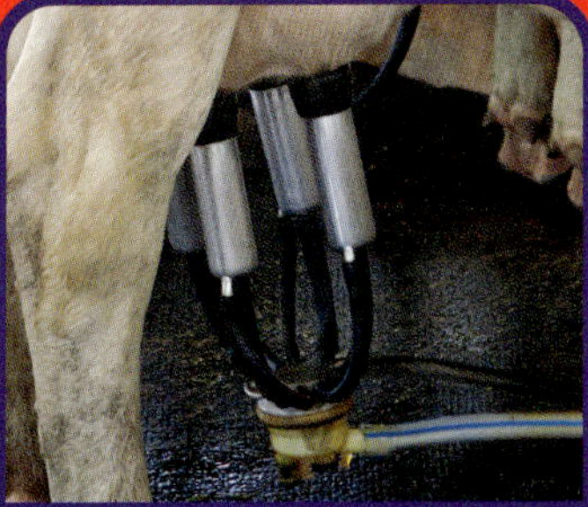

ordeñar
Agarrar la leche de una vaca o de otro animal.

pastizal
Tierra de pastoreo para los animales.

sala
Un espacio aparte donde las vacas son llevadas para ser ordeñadas.

Índice

Para aprender más

Aprender más es tan fácil como contar de 1 a 3.

1. Visita www.factsurfer.com
2. Escribe "vacasenlagranja" en la caja de búsqueda.
3. Elige tu libro para ver una lista de sitios web.